AF596414

ACADÉMIE NATIONALE
DES SCIENCES, BELLES-LETTRES ET ARTS DE BORDEAUX

DISCOURS

PRONONCÉS

En séance privée de l'Académie, le 19 mars 1896
et en séance publique, le 17 décembre 1896

PAR

M. L. BAILLET

VÉTÉRINAIRE DE LA VILLE DE BORDEAUX
INSPECTEUR GÉNÉRAL DE LA BOUCHERIE
MEMBRE CORRESPONDANT DE L'ACADÉMIE DE MÉDECINE

BORDEAUX
IMPRIMERIE G. GOUNOUILHOU
11 — RUE GUIRAUDE — 11

1897

ACADÉMIE NATIONALE DES SCIENCES, BELLES-LETTRES ET ARTS

DE BORDEAUX

DISCOURS

PRONONCÉ EN SÉANCE PRIVÉE DE L'ACADÉMIE

le 19 mars 1896

PAR

M. L. BAILLET

MESSIEURS,

Vous m'avez fait l'honneur de m'accepter au nombre des membres de l'Académie des Sciences, Belles-Lettres et Arts de Bordeaux, de cette Académie dont Louis XIV préjugeait avec raison les bons résultats lorsqu'il disait « qu'il y aurait avantage à faire appel au concours mutuel des lumières de plusieurs personnes savantes pour polir et perfectionner les talents admirables que la nature donne si libéralement aux gens nés sous notre climat ».

Permettez-moi donc, tout d'abord, Messieurs, de vous remercier de cet honneur, tout en vous demandant l'autorisation de le reporter en grande partie sur la profession à laquelle j'appartiens.

Par ordre chronologique, je suis le troisième vétérinaire appelé à siéger dans cette enceinte : Oliveau, en 1803, et Guichenet, en 1832, ont fait partie de l'Académie de Bordeaux, et si je consulte vos annales, je vois qu'en plusieurs circonstances, vos prédécesseurs, aussi bien que vous, n'avez pas dédaigné de vous occuper de questions se rattachant plus ou moins directement à la médecine vétérinaire. C'est ainsi que Journu-Auber, Villers, Dutrouilh, Cazeaux, Guestier, Dupont, etc., ont particulièrement traité des questions d'amélioration des races de bêtes à laine de la Gironde; que Secondat en 1775, Guichenet en 1839, Ducastain en 1840, Bourges en 1846, ont traité successivement des maladies pestilentielles du bœuf, de l'éducation du cheval, de l'hygiène et de l'éducation des animaux domestiques, de la rage, etc., etc., questions qui, toutes, m'autorisent à dire que, bien que modeste vétérinaire, je n'arrive pas dans un pays inconnu et que je suis sûr à l'avance de trouver au milieu de vous toute la bienveillance, tout l'appui dont j'aurai besoin pour traiter en votre présence les sujets qui me sont plus particulièrement connus. J'avoue, Messieurs, que c'est là pour moi une grande satisfaction, car il n'y a pas bien longtemps encore que le médecin-vétérinaire a pris sa place dans le monde savant. Dans son *Histoire du Cheval*, Buffon, après avoir exprimé ses regrets de ce que la santé de cet animal ait été jusqu'alors abandonnée aux soins et à la pratique, souvent aveugle, des gens sans connaissances et sans lettres, ajoutait : « Je suis persuadé que si quelque médecin tournait ses vues de ce côté-là, il en serait bientôt dédommagé par d'amples succès. » Eh bien! Messieurs, il s'est trouvé au sein de l'Académie de Bordeaux un médecin, le Dr Bourges qui, en 1839, s'est fait l'écho des idées de Buffon, et a publié dans vos *Annales* un mémoire, très étudié pour son époque, ayant pour titre : *Quelques Considérations générales sur la médecine vétérinaire*, mémoire dans lequel l'auteur a fait parfaitement ressortir l'importance de la médecine comparée et des secours mutuels que peuvent se prêter la médecine humaine et la médecine vétérinaire. Et de nos jours, Messieurs, les deux médecines n'ont-elles pas gagné aux travaux des Renault, Bouley, Chauveau, Arloing, Nocard, etc., qui ne sont que des vétérinaires, mais des vétérinaires savants auxquels je n'ai pas l'intention de me comparer, mais que je puis cependant invoquer aujourd'hui avec un certain orgueil parce que ces hommes, ces membres de l'Académie des Sciences et de l'Académie de Médecine, ont été mes maîtres ou sont encore mes amis et que c'est guidé par leurs leçons et leurs conseils, que j'ai pu acquérir les quelques connaissances qui ont fait de moi surtout un des ardents défenseurs de l'hygiène publique et particulièrement de l'hygiène alimentaire.

C'est surtout lorsque l'esprit se porte vers l'étude des

maladies contagieuses des animaux et même de celles de l'homme que le rôle du vétérinaire semble avoir acquis une importance considérable. Au début, la superstition; vers le milieu de notre siècle, le scepticisme et l'indifférence auxquels succèdent souvent les méthodes empiriques, et enfin la grande lutte entre Pasteur et Pouget sur la génération spontanée, lutte de laquelle le premier de ces deux savants devait sortir vainqueur, tout en se plaisant à reconnaître qu'il avait trouvé le meilleur appui de sa nouvelle doctrine parmi les représentants de la médecine vétérinaire. Ce fut, en effet, Henri Bouley, membre de l'Institut et inspecteur général des Écoles vétérinaires qui, dans son cours au Muséum, sut particulièrement mettre son éloquente parole au service de la méthode nouvelle en vertu de laquelle toutes les manifestations épidémiques ou épizootiques trouvaient leur explication dans la présence au sein de l'air, dans les eaux, dans la terre et à sa surface, comme à la surface de tous les objets qui la couvrent, des germes vivants d'où procède la contagion, ce qui, en un mot, faisait dire à Bouley que la *contagion est fonction d'un élément vivant*, d'un *microbe*, comme on l'a appelé depuis.

Au milieu du vaste champ d'études qui s'ouvrait à l'horizon et dont les conséquences devaient être si grandes pour l'humanité, j'ai cru devoir obéir au grand mouvement de l'époque; il m'a semblé qu'ignorer les bases sur lesquelles reposent la vie, la santé des animaux, méconnaître les belles découvertes du jour sur les causes susceptibles d'altérer particulièrement les viandes de boucherie et sur les relations existant entre la santé de l'homme et celle des animaux, serait presque un crime puisqu'il s'agissait d'un sujet touchant à la fois au bien-être général des populations et à la considération de la profession à laquelle j'appartenais.

« Rester en arrière, écrivais-je alors, est une faute; ne pas avancer, c'est reculer, à l'époque de progrès scientifique où nous sommes. » Et voilà, Messieurs, comment j'ai été amené a publier le premier ouvrage sur l'*Inspection des viandes de boucherie* qui ait paru en France, ouvrage devenu classique, et dans lequel plusieurs générations de vétérinaires ont puisé des connaissances qui ont fait d'eux des défenseurs ardents de cette grande branche de l'hygiène qu'on nomme l'alimentation.

Institué par la municipalité de Bordeaux en 1872, le service de l'inspection des viandes a pris depuis lors une importance d'autant plus grande que si, depuis quelques années, le nombre des animaux abattus sous mes yeux à l'abattoir de la Ville a sensiblement diminué, l'apport des viandes mortes, dites viandes foraines, provenant d'animaux abattus au dehors, sans contrôle, a considérablement augmenté; aussi ai-je fait valoir depuis plusieurs années au sein du Conseil départemental d'hygiène l'avantage qui résulterait au point de vue de la santé publique, de la création d'abattoirs communaux placés sous la surveillance de l'autorité, création qui aurait pour conséquence de faire disparaître toutes les tueries particulières dont la surveillance est impossible et dont bon nombre constituent de véritables foyers d'empoisonnement pour la population des campagnes..... Et si je parle de la sorte, Messieurs, c'est que sur les quatre-vingt-dix mille kilogrammes de viandes retirés annuellement de la consommation par le service de l'inspection de Bordeaux, près de la moitié est fournie par les viandes abattues au dehors.

Mais là, Messieurs, ne se borne pas mon rôle de vétérinaire hygiéniste. Attaché par mes attributions à la municipalité de Bordeaux, je suis sans cesse préoccupé de conjurer ou d'atténuer les dangers que font courir à la population certaines affections graves en tête desquelles se place la *rage* du chien, cette affreuse maladie considérée jusqu'à la fin du siècle dernier comme une mystérieuse névrose et dont le siège et le traitement n'ont été connus qu'en 1885, grâce aux recherches de l'éminent Pasteur. Ici, Messieurs, je me suis appliqué, par la voie des conférences, à faire disparaître les préjugés, à combattre les errements qui règnent encore dans le public..... Ignorant, en effet, le caractère insidieux des premières manifestations de la rage, tout possesseur d'un chien ayant mordu sans provocation, se refuse à croire à la possibilité de la maladie, par cela même à l'éventualité de la contagion; il le choie, il l'aime trop souvent presque à l'égal d'un membre de la famille; il pousse même cette amitié, cette confiance en son chien jusqu'à demander à la salive de cet animal de devenir le baume cicatrisant des plaies ou blessures qu'il porte à la figure ou sur les mains, oubliant que, même chez l'animal sain, la salive renferme des éléments divers susceptibles de lui donner des propriétés malfaisantes. J'ai lutté, Messieurs, contre l'ignorance en matière de rage aussi bien que je ne cesserai de déceler le danger que court tout conducteur de cheval s'oubliant jusqu'à essuyer les naseaux d'un sujet atteint de *morve* avec son propre mouchoir de poche. Ce sont là, sans doute, Messieurs, des titres dont vous avez bien voulu vous souvenir pour m'accepter au milieu de vous, de même que vous avez tenu compte des services que je puis avoir rendus à la population de Bordeaux en cultivant depuis quinze ans le vaccin sur la génisse, mission bien douce, Messieurs, puisqu'elle a surtout pour résultat de garantir la « plus belle moitié du genre humain » contre les stigmates de la variole.

Dans un autre ordre d'idées, vous avez pensé que je pourrais figurer dans une académie où siégent des représentants de l'agriculture.

Il y a longtemps, Messieurs, que pour la première fois on a qualifié les vétérinaires du titre de *missionnaires du progrès agricole;* c'est qu'en effet, ils sont forcément les conseillers des agriculteurs, lorsqu'il s'agit des questions d'hygiène, d'élevage, d'amélioration ou d'engraissement des animaux, comme aussi lorsqu'il s'agit d'enseigner aux cultivateurs les découvertes récentes sur les bienfaits des inoculations révélatrices de certaines affections qui, comme la morve du cheval et la tuberculose du bœuf, touchent à la fois à l'hygiène publique et à la fortune nationale.

Mais, de tous les titres que je puis invoquer pour mériter votre estime, il en est un dernier sur lequel je tiens à vous donner quelques explications. Peut-être seriez-vous portés à penser que, vivant dans un abattoir, au milieu des brutalités, quelquefois même des cruautés auxquelles sont soumis les animaux, dans cet antre où, suivant l'expression du Dr Blatin, « les animaux pénètrent vivants et en sortent cadavres, écorchés, coupés en morceaux, » à penser, dis-je, que j'ai perdu tout sentiment de commisération pour ces victimes de l'une des grandes nécessités de la vie humaine? Bien autres sont mes sentiments, Messieurs; je n'oublie pas que Virgile a tracé les tableaux les plus saisissants de ces « compagnons des travaux de l'homme » et que « La Fontaine s'est servi des animaux pour instruire les hommes». Et moi qui, par ma situation, serais jusqu'à un certain point autorisé à avoir les chiens en horreur, j'ai plaidé au sein de la Société d'Hygiène publique de Bordeaux la création d'un asile de chiens, analogue à ceux qui existent en Angleterre, pour y recevoir et soigner convenablement les chiens errants ramassés sur la voie publique, tout au moins pendant un certain temps, en attendant leur mise à mort.

Vous voyez, Messieurs, que la profession vétérinaire n'exclut pas la pitié pour les animaux et que, personnellement, j'estime que le devoir de l'homme est de les traiter comme des amis malheureux.

Mais je m'aperçois que je vous ai entretenus bien longtemps d'un sujet où ma personne est trop souvent en jeu.

Je termine, Messieurs, car en continuant de la sorte je craindrais de vous fournir l'occasion de m'appliquer ce vers de Corneille :

Un bienfait perd sa grâce à le trop publier.

DISCOURS

PRONONCÉ EN SÉANCE PUBLIQUE DE L'ACADÉMIE

le 17 décembre 1896

PAR

M. L. BAILLET

MESDAMES,
MONSIEUR LE PRÉSIDENT,
MESSIEURS,

L'Académie des Sciences, Belles-Lettres et Arts de Bordeaux a daigné m'accepter dans son sein. En me faisant cet honneur, elle m'a aussi créé quelques obligations au nombre desquelles figure celle de revêtir de formes académiques le discours de réception que doit tout nouvel élu.

J'avoue que ce n'est pas sans une certaine crainte que je me soumets à cette épreuve, car s'il est vrai « qu'un travail opiniâtre vient à bout de tout », il est non moins vrai que, peu habitué à prendre la parole devant un auditoire aussi distingué, je suis exposé à m'écarter de la voie que je me suis tracée et je crains qu'à votre tour, vous ne m'appliquiez ces mots d'Horace : *Cela peut être beau, mais n'est pas à sa place*.

Permettez-moi donc, Mesdames et Messieurs, de compter sur votre indulgence, et voyez en moi beaucoup plus la bonne volonté que le talent de l'orateur orné des palmes de l'académicien.

A différentes époques, il s'est trouvé des hommes qui, animés d'un vrai souffle de génie, ont donné dans les sciences, dans les lettres, dans les arts, des preuves de leur incontestable savoir basé sur des recherches, sur des travaux d'une importance capitale.

C'est à Florence qu'au XVIIe siècle Galilée affirmait, contrairement à la lettre des Écritures, le *mouvement diurne de la terre;* c'est vers la même époque que Pascal écrivait ses *Pensées* et ses *Lettres provinciales,* que Newton découvrait les *lois de la gravitation et la décomposition de la lumière.* Plus près, bien plus près de nous, un génie, bien français cette fois, suivant l'exemple de Galilée, apportait dans la question de l'origine des infiniment petits une rigueur expérimentale qui a fini par lutter et vaincre même la contradiction : j'ai nommé Pasteur.....

Tous ces hommes ont dirigé leurs sublimes pensées vers la recherche d'un inconnu, d'un idéal; aussi Pasteur disait-il dans un élan sublime de langage: « Heureux » celui qui porte en soi un dieu, un idéal de la beauté et » qui lui obéit : idéal de l'art, idéal de la science, idéal » de la patrie, idéal des vertus de l'Évangile. »

Sous le charme de cette invocation, permettez-moi, Mesdames et Messieurs, de faire appel aux nombreux travaux que nous a laissés Pasteur, comme à ceux qu'ont laissés ses prédécesseurs ou ses émules; de rappeler les services que les uns et les autres ont rendus à la société en nous initiant aux causes particulièrement susceptibles de faire naître les maladies contagieuses chez l'homme et chez les animaux, et aux moyens propres à combattre ces maladies avec un succès inconnu jusqu'au jour où ils ont obéi à ce grand idéal : « soulager la douleur, enrichir » leur patrie. »

Pour résumer la méthode pasteurienne, je rappellerai qu'elle repose sur les principes suivants :

1° Les maladies contagieuses doivent leur caractère propre à la présence dans les milieux où nous vivons, air, sol, eau, d'êtres vivants microscopiques, de *microbes*, en un mot, qui arrivent à empoisonner l'organisme par les toxines ou poisons qu'ils y abandonnent ;

2° L'alimentation, le contact, les poussières atmosphériques sont les moyens à l'aide desquels se transmet la contagion ;

3° La culture des microbes dans des milieux appropriés a pour effet de les transformer en de véritables vaccins préservateurs des maladies mêmes auxquelles ils ont donné naissance.

Grandes et sublimes découvertes, Mesdames et Messieurs, que Renan, dans sa réponse au discours de Pasteur à l'Académie, caractérisait dans les termes suivants : « Cette flamme divine, ce souffle indéfinissable » qui inspire la science, la littérature et l'art, nous » l'avons trouvé en vous, Monsieur, c'est le génie. » C'est, en effet, par les efforts de son génie, par la sûreté de sa méthode, que Pasteur est arrivé à combattre ces grandes calamités que Littré définissait : « une influence » mortelle, sortant soudainement de profondeurs inconnues et couchant d'un souffle infatigable les populations » humaines comme les épis dans leurs sillons, » et que, parlant plus particulièrement des animaux, H. Bouley appelait « des fléaux apportant la ruine et la misère » générale dans les pays autrefois les plus florissants ».

La médecine humaine range en deux grandes catégories principales les services que lui rend la méthode pasteurienne ou microbienne : les uns appartiennent à la chirurgie, les autres à la prophylaxie des maladies contagieuses.

Au point de vue chirurgical, c'est à un médecin anglais, Lister, que revient le mérite d'avoir, le premier, appliqué d'une façon méthodique l'*antisepsie* basée sur les découvertes de Pasteur, et adoptée aujourd'hui par tous les opérateurs sérieux. L'antisepsie, ou moyen de combattre dans les opérations l'action néfaste des germes microbiens capables d'en compromettre le succès, est également pratiquée en chirurgie vétérinaire; mais il faut reconnaître que la médecine vétérinaire a plus particulièrement profité des découvertes pasteuriennes au point de vue de la prophylaxie des maladies contagieuses. C'est ainsi que successivement le choléra des poules, la pneumo-entérite infectieuse et le rouget du porc, les maladies charbonneuses et la tuberculose des bêtes bovines, la morve du cheval, la rage du chien, etc., ont été l'objet de travaux sur la recherche du microbe propre à chacune de ces affections, sur les voies par lui suivies pour se répandre et se multiplier et sur les moyens de le transformer en son propre vaccin. Il est certain que tous ces travaux n'ont pas encore été également suivis de succès; mais les résultats obtenus jusqu'ici n'en sont pas moins incalculables. C'est ainsi qu'en 1882 seulement, près de quatre cent mille moutons et cinquante mille bœufs reçurent le vaccin anticharbonneux de Pasteur, au grand profit des agriculteurs dont les pertes furent réduites à un dixième de ce qu'elles étaient avant les vaccinations. C'est même à ce propos qu'un savant anglais, Huxley, a pu dire que la valeur des services rendus par Pasteur pourrait à elle seule payer notre rançon de guerre à l'Allemagne.

Est-ce à dire cependant que, tout en rendant justice à Pasteur, on doive oublier les autres savants dont les noms méritent eux aussi de passer à la postérité? Je ne le crois pas. Il serait injuste, en effet, d'oublier les services rendus à la chirurgie par Trousseau; par le Dr Alphonse Guérin, auteur du pansement ouaté ou filtrage de l'air, le débarrassant des ferments ou microbes susceptibles de produire l'infection des plaies, et j'ajoute, en passant, Mesdames et Messieurs, que je suis d'autant plus heureux de parler de cette découverte qu'elle a été contrôlée, dès son apparition, à la fois par Pasteur et par notre collègue et ami M. le professeur Gayon, qui était alors préparateur du grand maître.

On ne doit pas oublier non plus Rayer, Davaine, Delafond, signalant pour la première fois la présence et le rôle du microbe du charbon; Rayer, prouvant la contagiosité de la morve du cheval à l'homme; le professeur vétérinaire Toussaint, démontrant par un procédé lui appartenant la possibilité de transformer le virus charbonneux en agent vaccinal; le Dr Villemin, les professeurs vétérinaires Chauveau, Saint-Cyr appelant l'attention du corps médical sur la contagiosité de la tuberculose des animaux à l'homme; H. Bouley, inspecteur général des Écoles vétérinaires, mettant sa brillante éloquence au service de la théorie pasteurienne; le Dr Roux et le professeur Nocard, d'Alfort, trouvant dans la culture du microbe tuberculeux un précieux moyen de diagnostiquer la tuberculose chez les bovidés; et dernièrement encore le professeur Arloing, de l'École vétérinaire de Lyon, cherchant le vaccin préservatif de la péripneumonie du bœuf. Nous est-il permis d'oublier également, bien qu'il ne soit pas Français, un homme qui a rendu à l'humanité un service immense en préconisant la vaccine contre la variole de l'homme, Jenner, dont le nom éveille la reconnaissance de tous les peuples civilisés? Seulement, la grande différence entre la vaccination telle que l'a comprise Pasteur et celle dont s'est servi Jenner est que ce qui, pour ce dernier, n'avait été que « l'application » très particulière d'une théorie à peine ébauchée », est devenue pour le premier une vérité scientifique démontrée par l'expérimentation et susceptible de recevoir les applications les plus variées.

En passant, permettez-moi, Mesdames et Messieurs, une remarque qui ne manque pas d'un certain intérêt.

Depuis que Pasteur a donné cet élan incomparable aux recherches expérimentales, il a surgi d'autres travaux dont certains ont une utilité incontestable et démontrée alors que les autres sont encore à un état très problématique. Tous les savants auxquels on doit ces travaux ont été poussés également par un sentiment d'humanité et, chose remarquable, ils ont, comme Pasteur, emprunté aux animaux les éléments de leur nouvelle thérapeutique. De même, en effet, que Pasteur puise sur le bœuf son vaccin anticharbonneux, qu'il se sert du lapin pour combattre la rage, de même nous voyons son savant élève, le Dr Roux, se servir du bœuf pour obtenir l'agent révélateur de la tuberculose, emprunter le sang du cheval pour combattre la diphtérie des enfants. Dans cet ordre d'idées, n'avons-nous pas vu Brown-Séquard utilisant un produit animal au point de le transformer en une véritable fontaine de Jouvence, rajeunissant les vieux, allant même jusqu'à leur faire croire à une virilité nouvelle, oubliant ainsi la maxime de Boileau :

Chaque âge a ses plaisirs, son esprit et ses mœurs.

Et récemment encore, ne préconisait-on pas le suc

thyroïdien du mouton pour combattre la bouffissure de la face, du cou, des épaules, le goitre, etc.; le liquide pancréatique du cobaye pour combattre le diabète; le rein du bœuf comme moyen curatif de certaines maladies de la vessie!

Quel avenir nous réserve cette nouvelle pharmacopée? Sur certains points au moins, elle me laisse incrédule; mais n'en retenant que ce seul fait d'emprunter au cheval le sérum qui guérit la diphtérie ou croup des enfants, je me demande si nous ne poussons pas l'ingratitude un peu loin lorsque nous parlons de substituer complètement la machine au cheval dont Buffon a vanté les qualités merveilleuses, au cheval chanté dans l'*Iliade* par Homère, au cheval enfin dont, suivant Virgile, *le front combat le vent et le pied frappe la plaine!* Hélas! Mesdames, comme M. Josse, je suis orfèvre, et je crains bien que vous riiez de mon ardeur à défendre le cheval contre la vapeur, le pétrole ou l'électricité; tout au moins suis-je certain d'avoir vos suffrages lorsque je vous présenterai le cheval, non plus seulement comme moteur, mais comme l'être bienfaisant auquel quelques-unes d'entre vous doivent aujourd'hui la vie de leurs enfants!

Mais là ne se bornent pas, au point de vue prophylactique, les bienfaits se rattachant à la méthode pasteurienne; elle doit aussi être appréciée pour les services qu'elle a rendus en matière d'hygiène, notamment pour ce qui concerne l'utilisation des viandes de boucherie. Là encore, nous trouvons, comme l'a dit le Dr Grancher, l'application de découvertes, de sources éternellement fécondes où les générations humaines viendront tour à tour puiser lebienfait de la vie.

Il y a trente ans que Geoffroy Saint-Hilaire appelait la viande l'élément indispensable au complet développement des hommes et des peuples, et en plus grande proportion, à égalité de climat, aux classes laborieuses et surtout à celles des villes.

Fort heureusement pour notre époque, Mesdames et Messieurs, nous sommes loin du temps où Voltaire écrivait « que les paysans ne mangent presque jamais de viande, et que leur carême est de toute l'année » et où Vauban déclarait que « le commun peuple ne mange pas de viande trois fois en un an ».

Aujourd'hui, à la campagne comme à la ville, chez le paysan comme chez le bourgeois, on mange de la viande, et beaucoup de viande; seulement, elle est plus ou moins bonne, plus ou moins saine, et chacun sait qu'il n'est pas de produit alimentaire plus sujet que la viande à des altérations d'autant plus dangereuses qu'elles ne peuvent être soupçonnées par le consommateur. De tout temps, du reste, on s'est préoccupé des accidents que pouvait déterminer l'usage de la viande insalubre. C'est ainsi que Charles V, Louis XI, Henri IV, Louis XIV, Louis XVI et Napoléon considéraient cette question comme très importante pour la sûreté et la santé publiques. Pour citer un fait se rapportant particulièrement à notre ville, il paraît, d'après M. Morot, de Troyes, que dès l'année 1593, à Bordeaux, les personnes atteintes d'une maladie contagieuse ou autre n'étaient pas admises à écorcher les animaux de boucherie, et qu'en outre, il était recommandé aux bouchers de fermer leurs étaux pendant la nuit, ainsi que les jours où il n'y avait pas de vente, de peur qu'il ne vînt s'y réfugier des vagabonds malades de la peste ou d'une autre affection contagieuse. Aujourd'hui, notre amour pour la viande saine repose sur des bases un peu plus positives; le conseil de Juvénal : *mens sana in corpore sano*, est devenu notre maxime parce que nous comprenons que c'est grâce à la santé de l'esprit que nous pouvons concevoir, exprimer nos idées, jouir, en un mot, des apanages de l'intelligence, et que c'est grâce à la santé du corps que nous pouvons faire nos travaux, défendre notre patrie, nous rendre réciproquement utiles les uns aux autres.

Eh bien, Mesdames et Messieurs, c'est encore par la méthode pasteurienne que nous pouvons expliquer les dangers résultant de l'usage alimentaire des viandes provenant d'animaux atteints de charbon, de morve, de tuberculose ou en voie de décomposition sous l'influence des variations de température. Dès lors s'expliquent les bienfaits d'une institution encore récente en France, l'*inspection des viandes de boucherie,* dont vous me pardonnerez de faire l'éloge, d'abord parce qu'elle est un peu *mon enfant,* et ensuite parce qu'elle rend d'immenses services au pays, notamment à l'armée gardienne de notre honneur national et sur laquelle nous fondons tant d'espoir!

Étant données, enfin, les conditions favorables à la transmission des maladies contagieuses, on comprend que c'est encore par la méthode pasteurienne que s'expliquent les mesures sanitaires prescrites pour éviter la propagation de ces maladies, aussi bien que les conventions sanitaires internationales grâce auxquelles les États peuvent se prémunir contre l'envahissement par ces mêmes fléaux contagieux.

Tels sont, en résumé, Mesdames et Messieurs, les services rendus par Pasteur à la médecine humaine et surtout à la médecine vétérinaire. Ainsi que l'a dit M. le ministre Poincarré sur sa tombe, Pasteur a obéi toute sa vie à l'idéal le plus pur, à un idéal supérieur de science, de vertu, de charité. Certes, Messieurs, notre époque se souviendra des mérites de Pasteur; certes, la France verra toujours en lui le symbole non seulement du savant, mais encore du bon patriote, car elle se rappellera qu'après la guerre de 1870, Pasteur déclarait odieuse la vue du diplôme de docteur que lui avait conféré l'Allemagne. Nous lui élèverons des mausolées, des statues, devant lesquels s'inclinera la postérité; mais tout cela ne parviendra pas à diminuer les regrets que nous a causés sa mort; loin de là, ces souvenirs élevés à la mémoire du grand homme ne feront que raviver nos chagrins, car avec Bossuet nous pourrons dire : « *Rien ne manque dans tous ces honneurs... que celui à qui on les rend.* »

Bordeaux. — Imp G. Gounouilhou, rue Guiraude, 11

www.ingramcontent.com/pod-product-compliance
Lightning Source LLC
LaVergne TN
LVHW052035160826
845678LV00003B/1357

* 9 7 8 2 3 2 9 6 3 2 1 9 3 *